597.

Les reflex: à la fin de cette ode de Mr. de Voltaire sont toutes différentes de celles qui se trouvent dans le tome intit.² Suite des mélanges° 8°. (geneve) 1761.⁴²⁰ et mélanges &c. 1761. 8°. p. 75.
Le fameux postscriptum contre le roi de prusse est ici p. 30. il est critiqué dans lettres du D.ⁿ Chevalier, (l'abbé de Caveirac) a voll. 8°. 1772.

ODE
SUR LA MORT
DE
SON ALTESSE ROYALE
MADAME LA MARKGRAVE
DE
BAREITH.

Lorsqu'en des tourbillons de flamme & de fumée,
Cent tonnerres d'airain précédés des éclairs,
De leurs globes brulants renversent une armée,
Quand de guerriers mourants les sillons sont couverts;
 Tous ceux qu'épargna la foudre,
 Voyant rouler dans la poudre
 Leurs compagnons massacrés,
 Sourds à la pitié timide,
 Marchent d'un pas intrépide
 Sur leurs membres déchirés.

*2   Ces

Ces féroces humains plus durs, plus infléxibles
Que l'acier qui les couvre au milieu des combats,
S'étonnent à la fin de devenir sensibles,
D'éprouver la pitié qu'ils ne connaissaient pas;
  Quand la mort qu'ils ont bravée
  Dans cette foule abreuvée
  Du sang qu'ils ont répandu,
  Vient d'un pas lent & tranquile
  Seule aux portes d'un azile
  Où repose la vertu.

Une Famille entière interdite, éplorée,
Voit ce Spectre avancer vers un lit de douleurs;
La victime l'attend pâle, défigurée,
Tendant une main faible à ses amis en pleurs;
  Tournant en vain la paupière
  Vers un reste de lumière,
  Qu'elle gémit de trouver.
  Elle présente sa tête,
  La faulx redoutable est prête,
  Et la mort va la lever.

Le coup part, l'ame fuit, c'en est fait, il ne reste
De tant de dons heureux, de tant d'attraits si chers
De ces sens animez d'une flamme céleste,
Qu'un cadavre glacé la pâture des vers.
  Ce spectacle lamentable,
  Cette perte irréparable
  Vous frappe d'un coup plus fort,
  Que cent mille funerailles
  De ceux qui dans les batailles
  Donnaient & souffraient la mort.

O Bareith ! ô vertus ! ô graces adorées !
Femme sans préjugés, sans vice & sans erreur,
Quand la mort t'enleva de ces tristes contrées,
De ce séjour de sang, de rapine & d'horreur;
  Les Nations acharnées
  De leurs haines forcenées
  Suspendirent les fureurs ;
  Les discordes s'arrêtèrent ;
  Tous les Peuples s'accordèrent
  A t'honnorer de leurs pleurs.

Des

Des Veuves, des Enfans sur ces rives funestes,
Au milieu des débris des mûrs & des remparts,
Cherchant de leurs Parents les pitoyables restes,
Ramassaient en tremblant leurs ossements épars;
  Ton nom seul est dans leur bouche,
  C'est ta perte qui les touche,
  Ta perte est leur seul effroi;
  Et ces Familles errantes,
  Dans la misère expirantes
  Ne gémissent que sur toi.

De la douce vertu tel est le sur Empire;
Telle est la digne offrande à tes Mânes sacrez;
Vous qui n'êtes que Grands, vous qu'un flatteur admire,
Vous traitons-nous ainsi lorsque vous expirez?
  La mort que Dieu vous envoie,
  Est le seul moment de joie
  Qui console nos esprits;
  Emportez, ames cruelles,
  Ou nos haines Eternelles,
  Ou nos Eternels mépris.

           Mais

Mais toi dont la vertu fut toujours secourable,
Toi, dans qui l'héroïsme égala la bonté,
Qui pensais en grand-homme, en Philosophe aimable
Qui de ton Sexe enfin n'avais que la beauté ;
    Si ton insensible cendre,
    Chez les morts pouvait entendre
    Tous ces cris de nôtre amour,
    Tu dirais dans ta pensée,
    Les Dieux m'ont récompensée
    Quand ils m'ont ôté le jour.

C'est nous tristes humains, nous qui sommes à plaindre,
Dans nos champs désolés & sous nos boulevards
Condamnés à souffrir, condamnés à tout craindre
Des serpens de l'envie & des fureurs de Mars;
    Les Peuples foulés gémissent,
    Les Arts, les vertus périssent,
    On assassine les Rois ;
    Tandis que l'on ose encore
    Dans ce Siécle que j'abhorre
    Parler de mœurs & de loix !

Beaux Arts, où fuirez-vous ? troupe errante & céleste
De l'Olimpe ufurpé chaffés par des Titans;
Beaux Arts ! elle adoucit vôtre deftin funefte,
Puis qu'elle eut du génie elle aima les talents.
  Ces talents que Dieu difpenfe,
  Avilis fous l'ignorance
  Gémiffants fous l'oppreffeur,
  Ces Enfans de la lumière
  Que l'impofture groffière
  Offufque de fa noirceur.

Hélas ! qui déformais dans une Cour paifible,
Retiendra fagement la fuperftition,
Le fanglant Fanatifme, & l'Athéifme horrible,
Enchainés fous les pieds de la Religion ?
  Qui prendra pour fon modèle
  La Loi pûre & naturelle
  Que Dieu grava dans nos cœurs ?
  Loi Sainte, aujourd'hui profcrite
  Par la fureur hippocrite
  D'ignorants perfécuteurs.

Des tranquiles hauteurs de la Philofophie
Ta pitié comtemplait avec des yeux ferains
Ces fantômes changeants du fonge de la vie,
Tant de travaux détruits, tant de projets fi vains;
  Ces factions indociles
   Qui tourmentent dans nos Villes
   Nos Citoyens obftinés;
  Ces intrigues fi cruelles,
   Qui font des Cours les plus belles
   Un féjour d'infortunés.

Du tems qui fuit toujours tu fis toujours ufage;
O combien tu plaignais l'infame oifiveté
De ces efprits fans goût, fans force & fans courage,
Qui meurent pleins de jours & n'ont point exifté.
  La vie eft dans la penfée.
  Si l'ame n'eft exercée,
  Tout fon pouvoir fe détruit;
  Ce flambeau fans nourriture
  N'a qu'une lueur obfcure
  Plus affreufe que la nuit.

Illustres meurtriers, victimes mercénaires
Qui redoutant la honte, & maîtrisant la peur,
L'un par l'autre animés aux combats sanguinaires,
Fuiriez si vous l'osiez, & mourez par honneur:
  Une femme, une Princesse
  Dans sa tranquile sagesse,
  Du sort dédaignant les coups,
  Souffrant ses maux sans se plaindre,
  Voïant la mort sans la craindre,
  Etait plus brave que vous.

Mais qui célébrera l'amitié courageuse
Première des vertus, passion des grands cœurs,
Feu Sacré dont brula ton ame généreuse,
Qui s'épurait encor au creuset des malheurs?
  Rougissez ames communes
  Dont les diverses fortunes
  Gouvernent les sentiments,
  Frêles Vaisseaux sans Boussole
  Qui tournez au gré d'Eole
  Plus legers que ses Enfans.

Auguste

Auguste & cher objet, d'intarriſſables larmes,
Une main plus illuſtre, un crayon plus heureux,
Peindra tes grands talents, tes vertus & tes charmes
Et te fera règner chez nos derniers neveux.
  Pour moi dont la voix tremblante
  Dans ma vieilleſſe peſante,
  Peut à peine s'exprimer,
  Ma main tombante accablée
  Grave ſur ton Mauſolée,
 CY GIT QUI SAVAIT AIMER.

      Aux Délices près de Genève
       le 4 Février. 1759.

L'Au-

L'Augufte Famille de Madame la Markgrave de BAREITH, a ordonné expreffément qu'on publiât ce faible éloge d'une Princeffe qui en méritait un plus beau; je l'expofe au public, c'eft-à-dire, au très petit nombre des Amateurs de la Poëfie, & des véritables connaiffeurs, qui favent que cet Art eft encor plus difficile qu'infructueux; ils pardonneront la langueur de cet ouvrage à celle de mon âge & de mes talents. Mon cœur qui m'a toujours conduit m'a fait répandre plus de larmes que de fleurs fur la tombe de cette Princeffe, la reconnaiffance eft le premier des devoirs, je ne m'en fuis écarté avec perfonne. Son Alteffe Royale n'avait ceffé en aucun tems de m'honorer de fa bienveillance & de fon commerce; elle envoïa fon Portrait à ma Niéce & à moi quinze jours avant fa mort, lorfqu'elle ne pouvait plus écrire! Jamais une fi belle ame ne fçût mieux faire les chofes décentes & nobles, & réparer les défagréables. Sujets, étrangers, amis & ennemis, tous lui ont rendu juftice, tous honno-

rent

rent fa mémoire; pour moi fi je n'ai pas vécu auprès d'elle, c'eſt que la liberté eſt un bien qu'on ne doit ſacrifier à perſonne, ſur-tout dans la vieilleſſe.

J'avoue donc hautement ce petit ouvrage, & je déclare en même tems (non pas à l'Univers, à qui le Père Caſtel s'adreſſait toujours, mais à quelques gens de Lettres qui font la plus petite partie de l'Univers,) que je ne ſuis l'Auteur d'aucun des ouvrages que l'ignorance & la mauvaiſe foi m'attribuent depuis ſi longtems.

Un jeune homme connu dans ſon païs par ſon eſprit & par ſes talents, fit imprimer l'année paſſée une Ode ſur les victoires du Roi de Pruſſe, & comme le nom de ce jeune étranger commence par un V. ainſi que le mien, cette Ode fut réimprimée à Ratisbonne, à Nuremberg ſous mon nom, on la traduiſit à Londres, on m'en fit honneur par tout; c'eſt un honneur qu'aſſurément je ne mérite pas: Chaque Auteur a ſon Stile, celui de cette Ode n'eſt pas le mien; mais ce qui eſt encor plus contraire à mon état, à mon devoir, à ma

place,

place, à mon caractère, c'est que la piéce fort du profond respect qu'on doit aux Couronnes avec qui le Roi de Prusse est en guerre; il n'est permis à personne de s'exprimer comme on fait dans cet écrit. On doit d'ailleurs avertir tous les Auteurs que nous ne sommes plus dans un tems où l'usage permettait à l'entousiasme de la Poësie de louer un Prince aux dépends d'un autre. L'Ode sur la prise de Namur dans laquelle Boileau raille très indiscrettement le Roi d'Angleterre Guillaume III, ne réussirait pas aujourd'hui ; & La Motte fut très blâmé de n'avoir pas rendu justice à l'immortel Prince Eugéne dans une Ode au Duc de Vandôme.

On ne peut trop louer trois sortes de personnes, Les Dieux, sa Maitresse, & son Roi.

C'est la maxime d'Esope & de La Fontaine ; mais il ne faut dire d'injures ni aux autres Dieux, ni aux autres Rois, ni aux autres femmes.

On m'a imputé encor je ne sçais quel Poëme sur la *Religion Naturelle*, imprimé dans
Paris

Paris avec le titre de Berlin par ces Imprimeurs qui impriment tout; & publié aussi sous la première lettre de mon nom. Les brouillons & les délateurs ont beau faire, je n'ai jamais écrit ni en vers, ni en prose sur la Religion Naturelle ou Revélée, mais je composai dans le Palais d'un Roi, & sous ses yeux en 1751. un Poëme sur *la Loi Naturelle*, principe de toute Religion, sur cette Loi primitive que Dieu a gravée dans nos cœurs, & qui nous enseigne à frémir du mal que nous faisons à nos semblables, ouvrage très inférieur à son sujet, mais dont tout homme doit chérir la morale pûre, & dans lequel il doit respecter le nom qui est à la tête.

Que nous nous éloignons, tous tant que nous sommes de cette Loi Naturelle & de la raison qui en est la source! je ne parle pas ici des guerres qui inondent de sang le Monde entier depuis qu'il est peuplé, je parle de nous autres gens paisibles qui l'inondons de nos mauvais écrits, de nos plates disputes, & de nos sottes querelles, je parle de ces graves fous qui enseignent que quatre & quatre font

neuf,

neuf, de nous qui sommes encor plus fous qu'eux, quand nous perdons nôtre tems à vouloir leur faire entendre que quatre & quatre font huit, & des maîtres fous, qui pour nous mettre d'accord, décident que quatre & quatre font dix.

D'autres fous mourants de faim composent tous les matins dans leur grenier une des cent mille feuilles qui s'impriment journellement dans nôtre Europe, croyant fermement avec Frère Castel que toute la terre à les yeux sur eux, & ne se doutant pas que le soir leurs belles productions périssent à jamais tout comme les miennes.

Pendant que ces infatigables araignées font par tout leurs toiles, il y en a deux ou trois cent autres qui recueillent soigneusement les fils qu'on a balayés, & qui en composent ce qu'on appelle des Journaux; de façon que depuis l'an 1666, nous avons environ dix mille Journaux au moins, dans lesquels on a conservé près de trois cent mille extraits de livres inconnus: & ce qui est fort à l'honneur de l'Esprit humain, c'est que tout cela se fait pour

pour gagner dix écus, tandis que ces Messieurs auraient pu en gagner cent à labourer la terre.

Il faut excepter sans doute le Journal des Savants, uniquement dicté par l'amour des Lettres, & le judicieux Bayle l'éternel honneur de la raison humaine, & quelques-uns de ses sages imitateurs. J'excepte encor mes amis; mais je ne puis excepter Frère Bertier principal Auteur du Journal de Trévoux, qui n'est point du tout mon ami.

Il faut savoir qu'il y a non seulement un Journal de Trévoux, mais encor un Dictionnaire de Trévoux. Par conséquent il y a eu un peu de jalousie de métier entre les ignorants qui ont fait pour de l'argent le Dictionnaire de Trévoux, & les Savants qui ont entrepris le Dictionnaire de l'Encyclopédie, je ne sçais pourquoi. Outre ces terribles Savants, nous sommes une cinquantaine d'empoisonneurs, Lieutenants Généraux des armées du Roi, Commandants d'Artillerie, Prélats, Magistrats, Professeurs, Académiciens, de belles Dames mêmes, & moi cultivateur de la terre, & partisan fan féditieux de la nouvelle charue; qui tous avons confpiré contre l'Etat, en envoyant au magazin Encyclopédique d'énormes articles. Quelques-uns font remplis de longues déclamations qui n'aprennent rien, & beaucoup de nos méchants confreres ont manqué à la principale régle d'un Dictionnaire, qui eft de fe contenter d'une définition courte & jufte, d'un précepte clair & vrai, & de deux ou trois exemples utiles. Notre fureur de dire plus qu'il ne faut, a enflé le Dictionnaire, & en a fait un objet de papier & d'encre de plus de trois cent mille écus.

Auffi-tôt les adverfes parties ont foulevé la Ville & la Cour contre les entrepreneurs; on les a accablés des plus horribles injures. On a pouffé la cruauté jufqu'à dire à Verfailles qu'ils étaient des Philofophes. Qu'eft-ce que des Philofophes? a dit une grand Dame. Un homme grave a répondu; Madame, ce font des gens de fac & de corde, qui examinent dans quelques lignes d'un livre en vingt volumes in-folio, fi les Atômes font infécables ou fécables, fi on penfe toûjours quand on dort, fi

l'ame

l'ame eſt dans la glande pinéale ou dans le corps calleux, ſi l'âneſſe de Balaam était animée par le Diable, ſelon le ſentiment du Révérend Père Bougeant, & autres choſes ſemblables, capables de mettre le trouble dans les conſciences timorées des tailleurs ſcrupuleux de Paris, & des pieuſes revendeuſes à la toilette, qui ne manqueront pas d'acheter ce livre & de le lire aſſiduement. On a fourni des Mémoires par leſquels on démontre, que ſi le venin n'eſt pas expreſſément dans les Tômes imprimés, il ſe trouvera dans les articles des autres Tômes; qu'il en réſultera infailliblement des ſéditions & la ruine du Royaume, & qu'enfin rien n'a jamais été plus dangereux dans un Etat que des Philoſophes.

Pour dire le vrai, la cabale la plus acharnée a oſé accuſer d'une cabale des hommes qui ne ſe ſont jamais vûs, & qui diſperſés à une grande diſtance les uns des autres, cultivent en paix la Raiſon & les Lettres.

Hélas! quel tems l'Auteur du Journal de Trévoux, & ceux de ſon parti, prennent-ils pour accuſer les Philoſophes d'être dange-

reux

reux dans un Etat! Quelques Philosophes auraient-ils donc trempé dans ces détestables attentats, qui ont saisi d'horreur l'Europe étonnée? auraient-ils eu part aux ouvrages innombrables de ces Théologiens d'Enfer, qui ont mis plus d'une fois le couteau dans des mains parricides? attisèrent-ils autrefois les feux de la Ligue & de la Fronde? Ont-ils....... Je m'arrête. Que le Gazetier de Trévoux ne force point des hommes éclairés à une récrimination juste & terrible; que ses supérieurs mettent un frein à son audace. J'estime & j'aime plusieurs de ses confrères; c'est avec regret que je lui fais sentir son imprudence, qui lui attire de dures vérités. Quel emploi pour un Prêtre, pour un Religieux de vendre tous les mois à un Libraire, un recueil de médisances & de jugements tèmèraires!

Si le Journal de Trévoux excite le mépris & l'indignation, ce n'est pas qu'on ait moins d'horreur pour ses adversaires les Auteurs de la Gazette Ecclésiastique, eux qui ont outragé si souvent le célèbre Montesquieu, & tant d'honnêtes gens; eux qui dans leurs libelles

sédi-

séditieux ont attaqué le Roi, l'Etat, & l'Eglise, qui fabriquent cette gazette scandaleuse, comme les filoux exécutent leurs larcins, dans les ténèbres de la nuit, changeants continuellement de nom & de demeure, associés à des receleurs, fuiants à tout moment la Justice, & pour comble d'horreur se couvrant du manteau de la Religion, & pour comble de ridicule se persuadant qu'ils rendent service.

Ces deux partis, le Janséniste & le Moliniste, si fameux longtems dans Paris, & si dédaignés dans l'Europe; ces champions de la folie, que l'exemple des Sages & les soins paternels du Souverain, n'ont put réprimer, s'acharnent l'un contre l'autre, avec toute l'absurdité de nos Siécles de barbarie, & tout le rafinement d'un tems également éclairé dans la vertu & dans le crime.

Qu'on me montre dans l'Histoire du Monde entier un Philosophe qui ait ainsi troublé la paix de sa patrie? en est-il un seul depuis Confucius jusqu'à nos jours, qui ait été coupable; je ne dis pas de cette rage de parti & de ces excès monstrueux, mais de la

moin-

moindre cabale contre les Puiſſances, ſoit Séculiéres, ſoit Eccléſiaſtiques? Non, il n'y en eut jamais, & il n'y en aura point. Un Philoſophe fait ſon premier devoir d'aimer ſon Prince & ſa patrie; il eſt attaché à ſa Religion ſans s'élever outrageuſement contre celles des autres Peuples; il gémit de ces diſputes inſenſées & fatales qui ont couté autrefois tant de ſang, & qui excitent aujourd'hui tant de haines. Le Fanatiſme allume la diſcorde, & le Philoſophe l'éteint; il étudie en paix la nature, il paye guaiement les contributions néceſſaires à l'Etat, il regarde ſes Maîtres comme les députés de Dieu ſur la terre, & ſes concitoyens comme ſes frères; bon mari, bon père, bon maître; il cultive l'amitié; il ſçait que ſi l'amitié *eſt un beſoin de l'ame*, c'eſt le plus noble beſoin des ames les plus belles; que c'eſt un contract entre les cœurs, contract plus ſacré que s'il était écrit, & qui nous impoſe les obligations les plus chères; il eſt perſuadé que les méchants ne peuvent aimer.

Ainſi le Philoſophe fidéle à tous ſes devoirs ſe repoſe ſur l'innocence de ſa vie. S'il eſt

pau-

pauvre, il rend la pauvreté respectable; s'il est riche, il fait de ses richesses un usage utile à la société. S'il fait des fautes comme tous les hommes en font, il s'en repent & il se corrige; s'il a écrit librement dans sa jeunesse comme Platon, il cultive la sagesse comme lui dans un âge avancé; il meurt en pardonnant à ses ennemis, & en implorant la miséricorde de l'Etre Suprême.

Qu'il soit du sentiment de Leibnitz sur les monades & sur les indiscernables, ou du sentiment de ses adversaires; qu'il admette les idées innées avec Descartes, ou qu'il voie tout dans le Verbe avec Mallebranche; qu'il croye au plein, qu'il croye au vuide: ces innocentés spéculations exercent son esprit, & ne peuvent nuire en aucun tems à aucun homme; mais plus il est éclairé, plus les esprits contentieux & absurdes redoutent son mépris. Et voilà la source secrette & véritable de cette persécution qu'on a suscitée quelquefois aux plus pacifiques & aux plus estimables des mortels. Voilà pourquoi les factieux, les entousiastes, les fourbes, les pédants orgueilleux ont si souvent étourdi le public de leurs clameurs. Ils ont frappé à toutes les portes ; ils ont pénétré chez les personnes les plus respectables, ils les ont séduites ; ils ont animé la vertu même contre la vertu ; & un Sage a été quelquefois tout étonné d'avoir persécuté un Sage.

Quand l'Evêque Irlandais, Berklay se fut trompé sur le calcul différentiel, & que le célèbre Jurin eut confondu son erreur, Berklay écrivit que les Géomètres n'étaient pas Chrétiens ; quand Descartes eut trouvé de nou. les preuves de l'existence de Dieu, Descartes fut accusé juridiquement d'Athéisme ; dès que ce même Philosophe eut adopté les idées innées, nos Théologiens l'anathématisèrent, pour s'être écarté de l'opinion d'Aristote & de l'Axiome de l'Ecole : *Que rien n'est dans l'entendement qui n'ait été dans les sens.* Cinquante ans après la mode changea ; ils traitèrent de Matérialistes ceux qui revinrent à l'ancienne opinion d'Aristote, & de l'Ecole.

A peine Leibnitz eut-il proposé son Système, rédigé depuis dans la Théodicée, que mille voix crièrent qu'il introduisait le Fatalisme, lifme, qu'il renverfait la créance de la chûte de l'homme, qu'il détruifait les fondements de la Religion Chrétienne. D'autres Philofophes ont-ils combattu le Syftême de Leibnitz? on leur a dit, Vous infultez la Providence.

Lorfque Milord Shaftsbury affura que l'homme était né avec l'inftinct de la bienveillance pour fes femblables, on lui imputa de nier le péché originel ; d'autres ont-ils écrit que l'homme eft né avec l'inftinct de l'amour propre? on leur a reproché de détruire toute vertu.

Ainfi quelque parti qu'ait pris un Philofophe, il a toujours été en butte à la calomnie, fille de cette jaloufie fecrette, dont tant d'hommes font animés, & que perfonne n'avoue ; enfin, de quoi pourra-t-on s'étonner depuis que le Jéfuite Hardouin a traité d'Athées les Pafcals, les Nicoles, les Arnauds & les Mallebranches ?

Qu'on faffe ici une réflexion. Les Romains, ce Peuple le plus religieux de la Terre, nos vainqueurs, nos maîtres, & nos Légiflateurs, ne connurent jamais la fureur abfurde qui nous

dé-

dévore; il n'y a pas dans l'Histoire Romaine un seul exemple d'un Citoyen Romain, opprimé pour ses opinions; & nous, sortis à peine de la barbarie, nous avons commencé à nous acharner les uns contre les autres, dès que nous avons appris, je ne dis pas à penser, mais à balbutier les pensées des Anciens. Enfin depuis les combats des Réalistes & des Nominaux, depuis Ramus assassiné par les écoliers de l'Université de Paris pour venger Aristote, jusqu'à Galilée emprisonné, & jusqu'à Descartes banni d'une Ville Batave, il y a de quoi gémir sur les hommes, & de quoi déterminer à les fuïr.

Ces coups ne paraissent d'abord tomber que sur un petit nombre de Sages obscurs, dédaignés, ou écrasés pendant leur vie, par ceux qui ont acheté des dignités à prix d'or ou à prix d'honneur. Mais il est trop certain que si vous rétrécissez le génie, vous abatardissez bientôt une Nation entière. Qu'était l'Angleterre avant la Reine Elisabeth, dans le tems qu'on employait l'autorité sur la prononciation de l'*Epsilon*? L'Angleterre était alors la dernière

nière des Nations policées en fait d'Arts utiles & agréables, sans aucun bon livre, sans Manufactures, négligeant jusqu'à l'Agriculture, & très faible même dans sa Marine : mais dès qu'on laissa un libre essor au génie, les Anglais eurent des Spenser, des Shakespear, des Bacons, & enfin des Lokes & des Newtons.

On sait que tous les Arts sont frères, que chacun d'eux en éclaire un autre, & qu'il en résulte une lumière universelle. C'est par ces mutuels secours que le génie de l'invention s'est communiqué de proche en proche; c'est par là qu'enfin la Philosophie a secouru la Politique, en donnant de nouvelles vues pour les Manufactures, pour les Finances, pour la construction des vaisseaux. C'est par là que les Anglais sont parvenus à mieux cultiver la terre qu'aucune Nation, & à s'enrichir par la science de l'Agriculture comme par celle de la Marine; le même génie entreprenant & persévérant, qui leur fait fabriquer des draps plus forts que les nôtres, leur fait écrire aussi des livres de Philosophie plus profonds. La devise du célèbre Ministre d'Etat Walpole, *fari quœ sentiat,*

est

est la devise des Philosophes Anglais. Ils marchent plus ferme & plus loin que nous dans la même carrière ; ils creusent à cent pieds le sol que nous effleurons. Il y a tel livre Français qui nous étonne par sa hardiesse, & qui paraitrait écrit avec timidité, s'il était confronté avec ce que vingt Auteurs Anglais ont écrit sur le même sujet.

Pourquoi l'Italie, la mère des Arts, de qui nous avons appris à lire, a-t-elle langui près de deux cent ans dans une décadence déplorable ? C'est qu'il n'a pas été permis jusqu'à nos jours à un Philosophe Italien d'oser regarder la vérité à travers son Télescope, de dire, par exemple, que le Soleil est au centre de nôtre Monde, & que le bled ne pourrit point dans la terre pour y germer. Les Italiens ont dégénéré jusqu'au tems de Muratori, & de ses illustres contemporains. Ces Peuples ingènieux ont craint de penser ; les Français n'ont osé penser qu'à demi, & les Anglais qui ont volé jusqu'au Ciel, parce qu'on ne leur a point coupé les aîles, sont devenus les Précépteurs des Nations. Nous leur devons tout, depuis

les

les Loix primitives de la gravitation, depuis le calcul de l'infini, & la connaissance précise de la lumière, si vainement combattues, jusqu'à la nouvelle charue, & à l'insertion de la petite vérole, combattues encore.

Il faudrait savoir un peu mieux distinguer le dangereux & l'utile, la licence & la sage liberté, abandonner l'Ecole à son ridicule, & respecter la raison. Il a été plus facile aux Erules, aux Vandales, aux Goths & aux Francs, d'empêcher la raison de naître, qu'il ne le serait aujourd'hui de lui ôter sa force quand elle est née. Cette raison épurée, soumise à la Religion & à la Loi, éclaire enfin ceux qui abusent de l'une & de l'autre; elle pénètre lentement, mais sûrement; & au bout d'un demi-Siécle une Nation est surprise de ne plus ressembler à ses barbares ancêtres.

Peuple nourri dans l'oisiveté & dans l'ignorance, Peuple si aisé à enflammer, & si difficile à instruire, qui courez des farces du Cimetière de St. Médard aux farces de la Foire, qui vous passionnez tantôt pour un Quesnel, & tantôt pour une Actrice de la Comédie Italienne,

qui

qui élevez une statue en un jour, & le lendemain la couvrez de bouë; Peuple qui dansez & chantez en murmurant, sachez que vous vous seriez égorgés sur la tombe du Diacre ou sous-Diacre Pâris, & dans vingt autres occasions aussi belles, si les Philosophes n'avaient depuis environ soixante ans adouci un peu les mœurs en éclairant les esprits par dégrés; sachez que ce sont eux (& eux seuls) qui ont éteint enfin les buchers, & détruit les échafauts où l'on immolait autrefois & le Prêtre Jean Hus, & le Moine Savonarole, & le Chancelier Thomas Morus, & le Conseiller Anne du Bourg, & le Médecin Michel Servet, & l'Avocat général de Hollande Barneveldt, & tant d'autres, dont les noms seuls feraient un immense volume : registre sanglant de la plus infernale superstition, & de la plus abominable démence.

P. S. Sur une Lettre reçue du Roi de Prusse, je suis en droit de réfuter ici quelque mensonges imprimés. J'en choisirai trois dans la foule. La première erreur est celle d'un homme, me, qui malheureusement a employé tout son esprit & toutes ses lumières à pallier dans un livre plein de recherches savantes, les suites de la révocation de l'Edit de Nantes; suites plus funestes que ne le voulait un Monarque Sage; il a voulu encor (qui le croirait!) diminuer, excuser les horreurs de la St. Barthelemy, que l'Enfer ne pourait approuver, s'il s'assemblait pour juger les hommes.

Cet Ecrivain avance dans son livre, * que les Mémoires de Brandebourg n'ont pas été écrits par le Roi de Prusse. Je suis obligé de dire à la face de l'Europe, sans crainte d'être démenti par personne, que ce Monarque seul a été l'Historien de ses Etats. L'honneur qu'on veut me faire d'avoir part à son ouvrage, ne m'est point dû; je n'ai servi qu'à lui applanir les difficultés de notre Langue, dans un tems où je la parlais mieux qu'aujourd'hui, parce que les instructions des Académiciens mes confrères, étaient plus fraiches dans ma mémoire; je n'ai été que son Grammairien; s'il m'ar-

racha

* Pag. 84, de l'Apologie de la révocation de l'Edit de Nantes, & des massacres de la St. Barthelemi.

racha à ma Patrie, à ma famille, à mes amis, à mes emplois, à ma fortune ; si je lui sacrifiai tout, j'en fus récompensé en étant le confident de ses ouvrages ; & quant à l'honneur qu'il daigna me faire, de me demander à mon Roi, pour être au nombre de ses Chambellans, ceux qui me l'ont reproché ne savent pas que cette Dignité était nécessaire à un étranger dans sa Cour.

Le même Auteur * accuse d'infidélité les Mémoires de Brandebourg, sur ce que l'Illustre Auteur dit que le Roi son grand-Père recueillit vingt mille Français dans ses Etats ; rien n'est plus vrai. Le Critique ignore que celui qui a fait l'Histoire de sa Patrie, connait le nombre de ses sujets, comme celui de ses soldats.

A qui doit-on croire, ou à celui qui écrit au hazard qu'il n'y eut pas dix mille Français réfugiés dans les Provinces de la Maison de Prusse, ou au Souverain qui a dans ses Archives la liste des vingt mille personnes auxquelles on donna des secours, & qui les méritèrent

* Page 84.

ritèrent si bien, en apportant chez lui tant d'Arts utiles.

Ce Critique ajoute qu'il n'y a pas eu cinquante familles Françaises réfugiées à Genève. Je connais cette Ville florissante, voisine de mes terres; je certifie sur le raport unanime de tous ses Citoyens que j'ai eu l'honneur de voir à ma campagne, Magistrats, Professeurs, Négociants, qu'il y a eu beaucoup au-delà de mille familles Françaises dans Genève; & de ces familles à qui l'Auteur reproche leur *misère vagabonde*, j'en connais plusieurs qui ont acquis de très grandes richesses par des travaux honorables.

La plupart des calculs de cet Auteur ne sont pas moins erronés. Celui qui a eu le malheur d'être l'Apologiste de la St. Barthelemy, celui qui a été forcé de falsifier toute l'Histoire Ancienne pour établir la persécution, celui-là, dis-je, méritait-il de trouver la vérité?

S'il y a eu parmi les Catholiques un homme capable de préconiser les massacres de la St. Barthelemy, nous venons de voir dans le

*** parti

parti oppofé, un Ecrivain anonime, qui avec beaucoup moins d'efprit & de connaiffances, & non moins d'inhumanité, a effaié de juftifier les meurtres que fon parti commettait autrefois, lorfque des fanatiques errants immolaient d'autres fanatiques qui ne rêvaient pas de la même manière qu'eux.

Quel eft le plus condamnable, ou d'un Siécle ignorant & barbare, dans lequel on commettait de telles cruautés, ou d'un Siécle éclairé & poli dans lequel on les approuve?

C'eft ainfi que des ennemis de l'humanité écrivent fur plus d'une matière depuis quelques années: & ce font ces livres qu'on tolère! Il femble que des Démons aient confpiré pour étouffer en nous toute pitié, & pour nous ravir la paix dans tous les genres, & dans toutes les conditions.

Ce n'eft pas affez que le fléau de la guerre enfanglante & bouleverfe une partie de l'Europe, & que fes fecouffes fe faffent fentir aux extrémités de l'Afie & de l'Amérique: Il faut encor que le repos des Villes foit continuellement troublé par des miférables qui
veu-

lent se venger de leur obscurité, en se déchainant contre toute espèce de mérite. Ces taupes qui soulèvent un pied de terre dans leurs trous, tandis que les Puissances du Siécle ébranlent le Monde, ne seront pas éclairées par la lumière qu'on leur présente ici ; mais on se croira trop heureux si ce peu de vérités peut germer dans l'esprit de ceux qui étant appellés aux emplois publics doivent aimer la modération, & avoir le fanatisme en horreur.

www.ingramcontent.com/pod-product-compliance
Lightning Source LLC
Chambersburg PA
CBHW060723050426
42451CB00010B/1598